Percy Mutombo Nsambayi

Les bonnes manières font les bons citoyens

Percy Mutombo Nsambayi

Les bonnes manières font les bons citoyens

Éditions Vie

Imprint

Cover image: www.ingimage.com

Publisher:
Éditions Vie
is a trademark of
Dodo Books Indian Ocean Ltd. and OmniScriptum S.R.L publishing group

120 High Road, East Finchley, London, N2 9ED, United Kingdom
Str. Armeneasca 28/1, office 1, Chisinau MD-2012, Republic of Moldova, Europe
Printed at: see last page
ISBN: 978-613-9-59206-7

Les bonnes manières font les bons citoyens

0.0. Introduction

En générale, nous nous définissons par nos habitudes, c'est sont ce qui font nos quotidiens, ils sont influençaient par des règles de conduites; des droit, des devoirs, ou par des réalités... Pammi les règles des conduites, nous rétenons les bonnes manières. définition; les manières sont les façons dont nous agiçons, nous parlons et nous pensons. En d'autres terms, nous les définiront comme les habitudes.
En parlant des bonnes manières, nous faisons allusions aux bonnes habitudes, donc : aux habitudes convenables ; favorables; avantageux et exemplaires...

Nous ne nous limiterons pas aux maniérés, nous parlerons aussi des bons citoyens. Dans les bons citoyens, nous faisons allusions aux citoyens actifs, responsables, ceux qui respectent le pays, leurs droit ainsi que leurs devoirs.

En éffet, nous réconnaissons un bon citoyen par sa façon de pensé; d'agir et de réagir dans son pays, dans les différents problèmes ou réalités qui touchent son pays.

Tout cela nous permets d'affirmée que les bonnes manières sont sources du bon citoyen.

Aujourd'hui nous avons perdus les réflex des bonnes manières qui autre fois faisaient partie de notre culture et même de nos habitudes.

Alors, nous redigions se livre de pôche pour éveiller sinon réveiller les consciences aux bons sens et à la citoyenneté.

Première partie

0.I. Les bonnes manières

Nous définissons les bonnes manières comme toutes les pensés positifs, toutes les habitudes convenables, exemplaires que nous exprimons quotidiennement.

Bruyère au XVII siècle notait déjà que la politesse est différente selon les époques et selon les lieux. Il est vrai que les règles de l'étiquette telles qu'on peux encore le lire dans les manuel de savoir vivre ne sont plus guère en vigueur, ce pour quoi nous voulons précisés que Les bonnes manières englobe; le respect, la politesse, l'hygiène, la discipline, la responsabilité, l'honnêteté, etc...

Il est vraie que; les règles de politesses differt selon les milieux sociaux et selon les mileux professionnel, selon que l'on est en ville ou à la campagne, on est plus au moins protocolaire.

Mais il y'a un minimum de règles à respectés pour ne pas avoir l'air d'un rustre ou d'un malpoli. Il y'a des choses qui se font, des choses qui ne se disent pas. Il y'a un adage en RDC qui dit; (Bo yokaka pe soni), il exprime le gêne, cette petite barrière mutuelle qu'il ne faut pas franchir.

Exemple : entré dans la chambre de quelqu'un sans frappé ou sans son consentement...

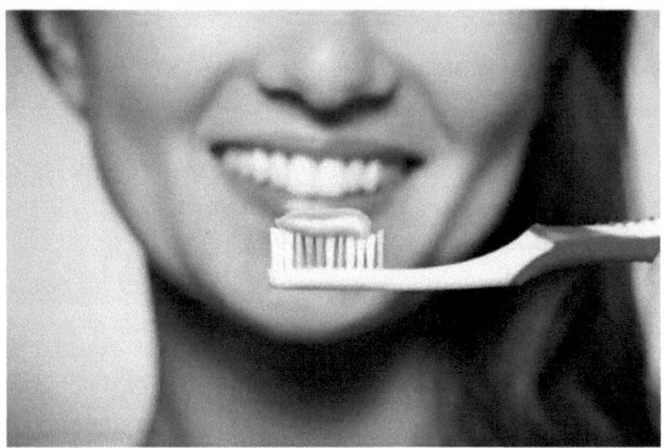

0.2. Quelques bonnes manières

- Regle, usage : commencez par appliqués ces règles chez vous même, seul, commencez par vous respectez pour pouvoir respectés les autres.

- Bâillement : Nous devons toujours mettre la main devant la bouche;

Réprimer son bâillement quand l'on vous parle. C'est par ailleurs une façon pratique de ne pas imposer son haleine douteuse aux autres;

- Chapeau gants: si vous êtes chapeauté et que vous rencontrez quelqu'un commencez par vous découvrir et en suite enlever votre gant droit pour serrer la main de la personne que vous rencontrez. NB : cette règle ne s'applique qu'au homme;

(avec l'arrivée du corona virus, nous nous saluions de loin ou par le coude).

- s'habiller avec décence

-Vouvoiement, tutoiement : toujours vouvoyer votre interlocuteur quand vous ne le connaissez pas et que vous ne vous êtes pas mutuellement et expressément autorisé le tutoiement;

- Médisance : prenez conscience de très forte probabilité que si vous êtes amenés à dire du mal de quelqu'un celui - ci finira par savoir et en trouvera l'origine. Abstenez vous, dans la plupart de cas, préférez -y le silence meurtrier;

- Quoi : quand vous avez mal entendu, ne dites pas quoi? Ou hein? Mais comment ? Ou pardon? Ou mieux encore, je vous demande pardon ? Ou vous pouvez répété la question s'il vous plait?;
- Ongles : évitez de vous ronger les ongles ; aveu de faiblesse et de nervosité:
Plus vous vous rongerez les ongles et plus vous aurez des saucisses en guise de doigts;
- Mouchoirs : Mouchez - vous avec discrétion et rangez votre mouchoire en le pliant , sans regarder ce que vous y avez déposée. (même si c'est très tentant);

- Démangeaisons : attendez d'être seul ou retirer vous pour mettre votre doigt dans votre nez ou ailleurs:

Si vous êtes pris en public d'une envie de démangeaisons de dessous de la ceinture, restez stoïque et ne vous grattez pas;

- clignotants : n'hésitez pas a les utiliser systématiquement quand vous tournez ou vous changez de fille (bande), ne serait- ce que par courtoisie pour ceux qui vous suivent et éviter en fin de compte d'être responsable de meurtre d'un conducteur de deux roues;

- Excuses : on ne dit pas excusez moi, mais je vous prie de m'excuser. L'excuse n'est pas acquises, ce serait trop facile, tout de même;

- Éternuements : il doit rester discret, Il est d'usage de s'excuser. Il est d'usage pour les autres de répondre à vos souhaits, en cas de deux éternuements consécutifs, et a vos amours à l'adresse d'une personne célibataire. Cela va de soi. Il est d'usage alors de répondre merci;

- On ne photographie pas son assiette, et si vraiment c'est impossible de se retenir, on évite de poster immédiatement sur les réseaux sociaux;

- Duel : ne se pratique plus a notre époque. Ce pendant certains de ses règles sont encore appliquée ; ainsi , ne répondez pas à la provocation des personnes de rang inférieur traitez les avec mépris ou indifférence, ne relevez pas le gant;

Les armes ulisés dans le duel contemporains sont avant tout les paroles, qui peuvent être assassinent. Éviter de recourir à la violence physique.

0.3. Les mauvaises manières

Nous pouvons les définires comme; les habitudes qui offusques et rendent la cohabitation difficile et non agréable.

1.0. Quelques movais manières

* le temps : toujours arriver en retard ;
* le non respect de rendez-vous;
* boudes longents ;
* faire des compliments déplacer;
* tutoyé tout le monde sous prétexte qu'ailleurs c'est comme cela;
* ne j'aimais dire < merci > pour n'est pas passé pour quelqu'un d'inférieur;
* dire du mal des autres;
* dire oui quand on devrait dire non;
* consulter son téléphone pendant une conversation;
* insulter et insultés en public;
* Le manque de pudeurs;
* Le vol;
* la fraude;
* les mensonges;
* l'égoïsme ;
* au restaurant, commendez pour vos compagnons sans leur laisser le temps de consulter la carte;
* jeter dans la nature les détritus de votre pique-nique;
* tourner le dos à son interlocuteur;
* ne pas se brossé les dents pendant plusieurs jours;
* n'est pas se lavé les mains après la toilette;
* partir à un banquet sans êtres invité , etc

Comme le notait bruyère depuis le 17em siècle, la politesse dépend de lieux...
Exemple : être polie à l'ondres c'est premièrement sentenir à ces règles et sa parole.

Rien de tel à Paris, ou aucune règle n'est inviolable, où une délicieuse indulgence veut que ; la politesse consiste bien au contraire à tout pardonner.

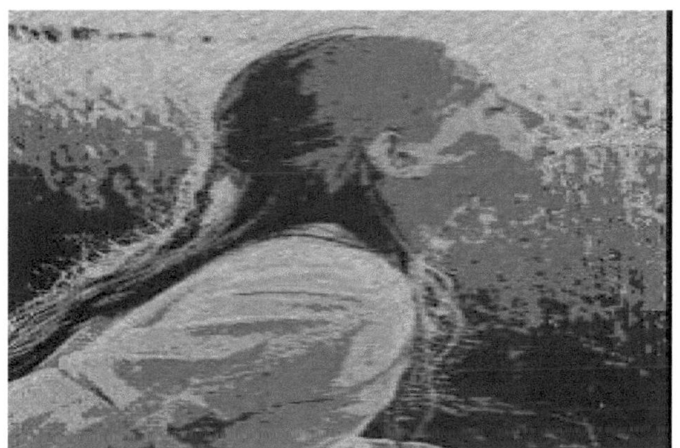

Alors qu'ailleurs, l'honnêteté et la bienveillance veulent qu'on réponde clairement à une demande qui vous est adressé. N'en est point ainsi à paris ou il est recommandé de ne jamais dire non.

Cracher : on ne craches pas n'importe où.

Si vous voulez crachez, rassuré vous que vous ne gêner pas les autres...

Si vous êtes en publics, déplacez vous et soyez sûre que vous ne l'avez pas laissés à la vu de tous, il est vivement conseillé de le couvrir avec la terre,(sable) ou utilisée un papier mouchoir que vous getterez à la poubelle.

N'oublions pas qu'il est de même nature que les urines.

Nous remarquons de nos jours, des actes a deplorer et qui ne font pas partie des bonnes habitudes que nous devons normalement avoir pour le bien être de tous;

- se brossé les dents dans la rue;

- jeter le reste des lessives et vaisselles dans les rues...Nous croyons fermement que ces genres des pratiques ne sont pas bonnes, elles sont à bannirent, Surtout pour les rues (avenues), qui ne sont pas asphaltés, les avenues qui n'ont pas des caniveaux, parce qu' avec les temps il créera des flaque d'eau, qui grandit avec les pluies ensuite devenir quelque chose de nuisible pour les populations riveraines et pour la circulation.

1.0.1. Quelques manières en Afrique

- Il est d'usage de manger avec les mains et plus précisément de se servir de la main droit et de toujours féliciter vos hôtes pour la qualité du repas;

- il ne faut jamais décliner une invitation à boir du thé ou à rompre le jeûne au risque d'offusquer votre hôte.;

- On n'interrompts pas un adulte ou quelqu'un de supérieur à vous, même quand ces propos sont déplaisant;

- certains crois aux ancêntres;

- tous parents sont des parents, de la même façon que vous respectez vos parents biologique, c'est de la même façon que vous devez respectez les parents des autres;

** les parents sont réellement des dieux sur terre, nous leurs devons totale respect, ils sont précieux, quelques sois leurs façon d'agir, il est vivement conseillé de garder votre sang froid et trouver le moment propice et le moyen de leur faire part de vos réflexion;*

- les enfants s'occupe toujours de leurs parents qui sont à cours des moyens, quelques sois le prix;

- le mariage est sacré, une union éternelle;

- le droit de naissance est une lois à respecté;

- le respect totale des dernières volontés du défunt ou de la défunte;

- les paroles de parents ont réellement des effets; positive comme négative, c'est pour quoi nous leurs devons honneurs pour attirés leurs bénédictions.

En Afrique de façon général , sachiez que chaque pays possède des coutumes très différents.

1.0.2. La politesse

L'esprit de politesse est une certaine attention à faire dans sa façon de parler et dans ces manières.
Par Définition; la politesse est une bonne manière de vivre d'agir ou de parler avec quelqu'un.

La politesse n'est pas une esclavagisme ou une occasion pour profiter de l'autre;

- la compréhension est un signe de politesse et non d'incapacité.

Exemple;

- quand vous discutez avec un adulte ou un ami, veillez gérez votre ton, même quand la pression monte, par ce que levé le ton dans ce cas est un signe d'impolitesse; (crié sur un superieur).

- dans une soirée, anniversaire, fête, de famille...Votre compagne pose un acte désagréable, vous n'avez pas à crié sur lui devant tout le monde, il n'est pas nécessaire de réagir immédiatement. Vous devez attende d'être seul pour lui faire la remarque, cela vous permetra d'évitez de crée une atmosphère tendue, et surtout, ce aussi un signe de politesse;

** Les gens ont tendances à reproduire ce que nous faisons, donc, si nous ne sommes pas polies envers notre compagne, amis, frère, soeur, femme, marie... Devant les gens, ne nous étonnons pas que les autres sois malpolis envers eux.*

- l'arrogance à toujours été un signe d'impolitesse;

Nous rémarquons dans nos sociétés que; la politesse prend des allures de dominations ou de chantages.

Exemple : Comme monsieur ou madame est quelqu'un de polis, les autres veulent profiter de lui. Dire non, n'est pas un tabou, par contre, il prouve le respect que vous avez face à vos engagement. Notons que; avec quelqu'un de superieur ou à un d'adulte, trouvez toujours des mots adéquates pour lui faire comprendre votre position.

1.0.3. Le respect

Définition : le respect est un sentiment de considération, d'égard envers quelqu'un ou quelques chose, manifesté par une attitude déférence envers celui-ci .

<< Le respect n'est pas une faiblesse, mais bien la preuve d'une bonne éducation >>.

Nous pensons que le respect est une de manière précieuse pour une meilleure cohabitation en société. Samuto dit ;<< la vie est un peu plus simple quant on se respects >> .

La considération joue un rôle majeur dans nos relations et dans la société.

C'est dans des petites choses (geste) que nous nous sentions considérés.

Exemple;

- une salutations non répondu marque un manque de considération...ça ne vous coûte rien de salué quelqu'un ou de répondre à la salutation, au contraire, elle donne vie à nos relations. Notons que; Il n'y a rien de mal dans la salutation, c'est juste un bon souhait qui vous ait adressés;

- ne pas honorer une invitation est un signe de manque de considération. La moindre de chose à faire quand vous êtes indisponibles est celui de le faire savoir à celui ou celle qui vous a invité. Notons que; cela ne changera pas votre absence, mais elle marquera le respect que vous avez pour ce dernièr.

- il y'a un dicton qui dit ; on ne fait pas la fête quand sa brûle chez le voisin. Il est souvent mal interprété d'organiser une manifestation quand vous avez des voisins qui sont en deuil...La bible dit; fêtons avec ceux qui fête et pleurons avec ceux qui pleur...Il faut savoir faire la part des choses, N'est pas ce présenté dans le deuil de vos voisins, amis...Marque un manque de considération.

Notons que; généralement nous rendons seulement ce que nous avons reçu, quand les gens se sentent déconsidéré, ils reagisent de la même façon à leur tour, alors, ils s'éloigne.

Faisons très attentions à cela, le manque de considération est source de beaucoup de conflits non expliquer dans nos sociéte.

(Aujourd'hui nous le constatons dans les réseaux sociaux; les vues, le non lu, le manque des réponses...) ça donne une impression de manque de considération.

Le respect doit être mutuel, même les plus jeûnes ou les subalternes ont besoiens d'être respectent, nous devons nous respectés d'abord parce que nous sommes des humains avant tout.

Nous remarquons que le respect porte des apparences, nous avons tendances a respectés les gens en fonction de leurs apparences, ceux qui paraissent moins soignés ne sont pas respectent.

De nos jour, Nous nous respectons au dépend de nos appartenances social, religieux, politique...Nous nous rendons compte que ceux qui n'ont pas des moyens, ou ceux qui ne sont pas de nos cercle sont méprisent, en fin, nous respetons les matériels à la place des humains.

A tout ceux qui vivent encores dans cette philosophie, nous leurs disons que cela fais parties des mauvaises habitudes qu'il faut bannir, ça ne fait pas de vous des bons citoyens.

Aujourd'hui le monde a besoin des bons citoyens, alors, nous vous invitons à l'altruisme.

Respectons nous pour ce que nous sommes et non pour ce que nous avons.

1.1.0. Le respect de la nature

Nous ne pouvons pas parler de la vie sans parlés de la nature.

La nature est source de la vie, comme nous l'avons appris de l'histoire, la nature a nourrie nos ancêntre, leurs a abrités et vêtus.

La nature est tout ce qui nous entour; les arbres, les plantes, les animaux, l'eau... Ici quand nous parlons de la nature, nous nous focalisons plus sur l'environnent.

- *Ou vivions nous?*

- *Comment est notre environnement ?*

- *Comment nous l'entretenons?*

- *Est t'elle vivable ?*

- *Comment la rendre vivable pour tous?*

Nous pensons que c'est sont ces genres des questions que nous devons nous posés. Malheureusement pour nous, ce le cadet de nos soucis, nous pouvons le vérifier dans nos rue, nos marché, nos caniveaux...Il y'arrive que nous rencontrons des personnes qui mange dans la poubelle, vendent dans la bout. Comment ils les font? À mon humble avis; c'est une question d'habitude. Ce pour cela nous invitons tout un chacun, comme nous l'avons énoncés si haut; d'avoir et de gardé des bonnes habitudes.

Nous devons nous dire la vérité, le non respect de l'environnement a des conséquence fâcheuses pour la vie en générale et pour les populations en particulier.

Il y'a aujourd'hui des catastrophes naturelles qui nous surprennent, exemple:

le réchauffement climatiques, C'est un problème planétaire, certains pays les subissent déjà avec des ville en feu... Comme nous le savons tous, Le non respect de la nature fait partie de cause principale des ces catastrophes.

N'oublions pas que les mêmes causes produisent les mêmes effets. Alors, ne polluons plus, préservons la nature pour notre épanouissement et celui des futures générations.

1.1.1. L'honnêteté

Définition : l'honnêteté est un état moral constitué par l'instinct ou l'habitude de la vertu, de la probité.

Trouvée quelqu'un d'honnête au 21e siècle n'est pas facile, nous rétrouvons la corruptions par tout, il faut le dire; nous avons perdus les sens de la méritocratie, des valeurs, de la morale et même la dignité...A la place, nous avons choisis d'adopter; la facilité, l'irrationalité, l'immoralité etc, et malheureusement cela se pérennise. Ce n'est pas à l'âge adulte qu'on apprends à être honnête.

L'honnêteté fait partie des bonnes manières qui doivent être inculquer dè les bas-âges pour pouvoir façonné des hommes et des femmes honnête.

De nos jours, même les femmes volent, elles sont corruptibles, comment imaginions nous l'avenir ainsi ?

Il parait que; celui qui éduque une femme, éduque toute une nation, après cette phrase bien réfléchie, la question qui me venue tout de suit à l'esprit est celui de savoir; que deviendrons les nations future?

C'est grave, le pire est que nous avons appris (es) à en êtres fières,

Nous avons normalisés l'anormal.

Excuser nous le terme, c'est comme si nous sommes près disposé à la corruptions, à la fraude, Non, disons non, ça ne peut plus continuer, retrouvons le chemin de la vertue. Soyons d'abord honnêtes avec nous mêmes, soyons honnêtes pour tout autres choses et avec tout autres personnes.
Exemple; vous êtes chef d'entreprise, ou directeur...Quand vous détourner la prime des employés, cela fait de vous quelqu'un de malhonnête et un movais citoyen;
-vous êtes enploiyez, vous détourné les biens de la société, quelques sois les raisons pour les quels vous les faites, ça fait de vous quelqu'un de malhonnêt et un movais citoyen;
- vous exploiter le fruit de l'esprit des l'autres sans leurs consentement ou sans payer leurs droits, ce de la malhonnêteté,
Ignorant que sont certains, nous pouvons vous l'affirmer que ce genre de pratique a des répercussions très fâcheuses que nous ne souhaitons en tout cas à personne.
- l'honnêteté c'est aussi dire ce qui l'en est,
- l'honnêteté est une vertue, ce vrai, ce n'est pas facile, avec les réalités et les pressions de la vie, mais, nous vous demandions de faire des efforts pour y arriver, cela fera de vous des gens biens, exemplaires et respectables.
Ludovic bréont dit; l'honnêteté vous fera sûrement perdre quelques personnes, mais vous permettra de garder vos valeurs.
Il y'a des choses qui ne s'achete pas.
Alors, apprenons à garder nos valeurs et notre dignité, soyons honnêtes même pour notre identité (nom).

1.1.2. L'hygiène

Par définition; l'hygiène est une partie de la médecine qui traite de la manière de conserver la santé.

L'hygiène est un ensemble de mesure destiné à prévenir les infections et l'apparition de maladies contagieuses.

Ici nous faisons référence à l'hygiène qui est relatif à la toilette ou aux soins du corps; l'hygiene du corps représente l'ensemble des mesure destinées à préserver la propreté.

Définition : propreté ; qualité de ce qui est net, exempte de saleté

Qualité de quelqu'un qui est soigneux, de sa personne, propre dans sa manière de traiter les objets, qui veille à tenir nette sa maison.

Inportance de la propreté : pratiquer une hygiène corporelle permet de préserver la santé, de préserver la santé de la peau, de tendre le corps et maintenir une image positive de soi.

Les Règles d'hygiène corporelle ;

- se brosser les dents deux fois par jour;

- se laver les mains régulièrement;

- se moucher correctement ;

- changer de sous- vêtements tout les jours;

- prendre un bain ou une douche régulièrement;

- couper ses ongles régulièrement...

Nous pensons que la question de la propriété va de l'estime de soi. Il est difficile de rencontré quelqu'un qui a un amour propre se délaissée, et n'est pas prendre soin de lui.

** même si vous ne le fairais pas pour vous, faite le pour les personnes qui vous entours ou les personnes que vous rencontrez.*

Exemple; une personne qui va au travail, à l'école...sans se lavée ou sans se brosser les dents depuis deux jours, imaginer vous comment il peut gêne les personnes au tour de lui.

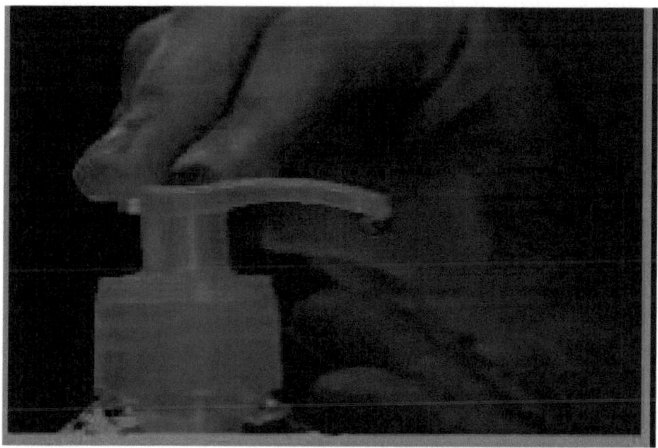

Nous invitons tout un chacun à la propreté, soyons propre pour évitént tout cela, pour évitent des maladies, evitent des infections et des maladies contagieuses. Gardons notre corps sain et en bonne santé.

1.1.3. L'hygiène publics

En parlant de l'hygiène public, nous faisons allusions à nos rues, nos cartier, nos communes, nos ville sinon nos pays.

N'oublions pas qu'avant d'arriver en chambre, il faut passé par le salon, de même pour arriver chez nous, ou vaquer à nos occupations, il nous faudra passer par le cartier, la commune, sinon par une rue. Comment vous santez vous quand votre rue est non salubre, votre cartier? Vous savez, La saleté invite des moustiques, des nouches et d'autres insects nuisibles à la santé, pour en suite nous apporté des maladies.

La question de la salubrité est à traité avec beaucoup d'attention ; c'est un problème qui continuera à se posé encore et encore après des années si nous nous décidons pas aujourd'hui. Plus les années passe, plus les saletés augmente. Si même les pays bien coté dans la matière, traite le problème de la salubrité avec beaucoup de finesse, ce parce qu'il ne faut pas le prendre à la léger, nous devons tous s'y mettre pour pouvoir trouver des solutions durable.

Nous remarquons que le manque de discipline dans la gestion des ordures est à la basse de beaucoup des dégâts dans les villes.

Exemple ; les ordures geté dans les caniveaux, ne permet pas que l'eau passe, et quant il pleut, l'eau se crée un chemin, souvent à son passage ; il creuse, il détruit, et saccage...

Alors, veillons êtres responsables dans nos actes, prenons soins de nos rues, de nos cartier ... ne jetons pas les ordures dans les rues, dans les caniveaux, apprenons à nettoyée devants nos parcelles, nos maisons... Ainsi nous demandons aux gouvernement de prendre à deux mains ses responsabilités et aidée les peuples (populations), à combattre ce grad fléau. Soutout, disciplinons nous sur cette question, ensembles nous pouvons y' arrivent.

Deuxieme partie

1.2.0. Le citoyen

Un citoyen est un individu qui bénéficie des droits lui permettant de participé à la vie publique et politique d'un État. Certains de ces droits sont assortis d'obligations. Il exprime ses opinions grâce au droit de vote.

Le citoyen est un des pilliers de la république, l'un n'existe pas sans l'autre.

1.2.1. Les bases de la citoyenneté en R.D.C

Il(elle) est reconnue citoyen (ne), seulement celui ou celle qui est née des parents congolais ou étrangers qui on bénéficier d'une naturalisation et est âgé de 18ans.

1.2.2. Les trois pilliiers de la citoyenneté

Les trois pilliers de la citoyenneté sont:

- la liberté

- l'égalité

- la fraternité

- *La liberté ;*

- tous citoyen (ne.s) est libre de vaquer à ces occupations sans craintes;

- libre de vivre dans n'importe quel coin du pays;

- libre d'adhérer à une association ou à un parti politique;

- libre de s'exprimer en publique;

- libre d'avoir une croyance...

NB: tout cela ce fait en respectons les lois et les institutions qui nous régissent.

(là ou s'arrête votre liberté, commence celui de l'autre).

- *L'égalité ; ici nous faisons allusion au même traitement tel que prévu par la loi.*

- tous les citoyens sont égaux devants la loi;

- tout les citoyens ont le même droit;

- tout citoyens mérites d'avoir des mêmes faveurs;

- tout citoyens mérites d'avoir des mêmes sanctions;

- tout les citoyens doivent avoir la même chance...

(Il n'y a pas des citoyens qui soit plus citoyens que les autres).

- *La fraternité: déjà ici il faut rappeler que; tout comme le racisme le tribalisme est un crime contre l'humanité.*

- tout les citoyens d'un même pays, sont des frères et des soeurs de part leurs nationalité;

- ils ont un héritage commun;

- le pays n'a pas des foncières pour ces citoyens ...

MPR; (tata moko, maman moko, ekolo be moko).

1.2.3. Conditions qui déterminé la citoyenneté

En R.D.C ; Tout enfant née en république démocratique du Congo de parents étrangers, peut à partir de l'âge de 18ans accomplis, acquérir la nationalité congolais à conditions qu'il en manifeste par écrit la volonté et qu'à cette date, il justifie d'une résidence permanente en R.D.C

1.3.0. Qualité du citoyen

La qualité du citoyen est liée à l'obtention de la nationalité, par filiation, par naturalisation par option ou par presanption de la loi.

1.3.1. Le citoyen actif

Le citoyen actif est celui qui participe à la vie politique d'un État.
Le citoyen actif joue un rôle majeur dans la société, il exprime ses opinions au moment des différents élections grâce au droit de vote.

1.3.2. Le bon citoyen

Le bon citoyen est un citoyen actif et civilisé, celui qui refuse de laisser par désintérêt ou enpathie, les autres choisir à sa place.

Le bon citoyen est celui qui apporte des solutions au sain de sa communauté pour son développement.

- les bons citoyens sont activement engagés au sein de leur communauté pour améliorer les conditions de leurs concitoyens. Ils sont fiers de l'endroit où ils vivent et luttent pour son amélioration.

Nous voulons être de bons citoyens ? Avec un peu d'idée, d'effort et d'amour nous pouvons tous l'être.

1.3.3. Comment doit se comporter un bon citoyen

**Le bon citoyen doit avant tout:*

- aimer son pays;

- le respecter;

- respectés ces lois et ces arrêtés;

- remplir ces devoirs;

- réclamer ces droits

- dir non à l'injustice;

- dir non aux voles et détournement;

- denonser la corruption;

- respecter les biens publics;

- respecter l'ordre public;

- sovegarder l'intérêt général;

- être intègre;

- promouvoir l'unité et la fraternité;

- avoir et garder les bonnes habitudes:

- transmettre cette connaissance, ou ces bonnes habitudes aux générations avenir..

2.0. les droits du citoyen

Il s'agit de droits économique et sociaux, tel que;

- le droit à l'instruction

- le droit à la santé

- le droit à la sécurité

- le droit au travail

- le droit d'appartenance à un syndicat etc...

2.0.1. Devoir du citoyen

- respecter son pays

- payer ces taxes

- payer ces impôts

- respecter les biens de l'État

- voté

2.0.2. Droit et liberté

Tout citoyen & citoyenne à droit ;

- A la vie, à la liberté et à la sécurité;

- Au respect de la vie privée et familiale ;

- A la liberté d'expression;

- Droit de voté et d'être candidat à des élections, etc

2.0.3. La citoyenneté

La citoyenneté est principalement liée au droit de vote. Voter permet au citoyen d'agir concrètement au sein de la société.
La citoyenneté confèrent à celui qui la déteint, l'accès a l'ensemble des droits civiques et politiques, lui permet de jouer un rôle décisif dans un régimes démocratique.
La citoyenneté est aussi l'ensemble de qualité morales, de devoirs civiques considérés comme nécessaires à la bonne marche de la cité, lieu ou chaque personne doit accepter la règle commune.
En fin; la citoyenneté c'est la capacité de reconnaitre les valeurs éthique requises pour la vie en commun, D'effectuer et d'agir avec conscience d'appartenir à un corps social organisé.

2.1.0. Rôle du citoyen

**L'action civique et politique du citoyen.*

- le civisme se traduit par une forte implication du citoyen auprès de l'État et de la collectivité. Au delà de l'exercice du droit de vote, le citoyen peut être membre d'un parti politique, on dit alors qu'il est militant;

- les citoyens peuvent agir au sein de la société en dehors de vote. Il s'agit alors d'un engagement personnel et souvent à caractère solidaire;

- Les citoyens peuvent fonder une association et se rassemblent librement pour défendre leurs intérêt, soutenir une cause ou aider une catégorie de population Etc...

2.0.2. Le vote

Le vote provenant du latin votum signifiant << voeu >> est une méthode permettant à un groupe, une prise de décision commune. Les organisations formelles ou informelles ont recours à cette pratique, de tout nature (économique, associatives, politique...)

Dans notre cas, nous nous penchant en politique ;

Voter est un droit, c'est un acte citoyenne qui permet de choisir ses représentants à l'occasion d'un scrutin. Au sein d'une démocratie, ce droit fondamental de participation permet d'exercer sa citoyenneté en participant à l'élection.

2.0.3. Pour quoi nous devons voté ?

Premièrement ce pour remplir notre devoir civique, (si vous ne vous occupés pas de la politique, la politique s'occupera de vous). Alors, voté nous donne le droit de s'occuper de la politique en expriment nos voeux.

Ne nous méprenons pas, le vote est la meilleure occasion d'exprimer directement nos volonté et avec la chance, nous pouvons le voir se réaliser.

Il est important de savoir qui nous votons, connaitre sa capacité et son potentiel. Georges orwell disait;<< un peuple qui élut des corrompus, des renégats, des imposteurs, des voleurs et des traîtres, n'est pas victime, il est complice >> . ce pour cela il est important d'être sûr que votre choix ne repose pas sur un politicien mal intentionné.

2.1.0. Quel sont les méfaits du refus de voté

En refusant de voté, vous n'honorait pas votre devoir civique et cela vous oblige de vous taires et de subirent durant le quinquennat de ceux qui seront élus. Sinon, avoir que ces yeux pour pleuré, or vous aviez l'occasion ou l'opportunité d'inverser la tendance grâce à votre vote.

2.1.1. Quelques orientations pour un bon choix

Comment faire le choix d'un député ?

- il faut au préalable connaitre ;

- *Ces antécédents*
- *Sa motivation*
- *Son combat politique*
- *Ces actions au sein de la communauté (circonscription).*
- *En fin, pour quoi vous lui voterait.*

2.1.2. vérifications des antécédents

- vérifier que c'est ne pas quelqu'un qui a eu à commettre des délits de justice.

- vérifier qu'il ne fait pas partie de ceux qui ont occupent la même fonction ou des fonctions similaires ou encore des fonctions à responsabilité dans le pays, sans rien apporter et accomplir de positif.

2.1.3. Sa motivation

- pour quoi il (elle) veux être député ?

- quel sont les raisons qui lui pousse à postulé?

Il faut le dire, de nos jours, les députés nessent comme de la movaise herbe pour profiter des avanges allouer à cette fonction.

2.2.0. Son combat politique

- quel sont ses convictions politique ?

- quel est sa vision politique?

- quand à t'elle (il) commencé ce combat

- sous quel casquette postule t'elle (Il).

2.2.1. Ces actions

- Quel solution a t'elle (il) apporter ou proposé à la société, à la communauté ou même à sa circonscription ?

- s'occupe t'elle des problèmes du pays, de la communauté?

- participe t'elle (il) pour la bonne marche de la vie commune ?

Noté bien; celui qui est Fidel à des petites choses le sera sûrement à des grande choses.

Detronpons nous, un député ne doit pas être quelqu'un que vous ne maîtrisez pas, il doit être quelqu'un que vous connaissez et connaissez la moralité. Réveillez vous, comment voulez vous que quelqu'un qui ne connait pas vos problèmes propose des solutions? Ce pratiquement impossible, croyais moi.

2.2.2. Pour quoi ?

Samuto dit :<< la question est le chemin de la vérité >>.

- premièrement, il faut savoir ce que vous voulez

- que ce que vous attendait du député

- Il est très important de nous posé cette bonne question; (pour quoi devrai-je lui voté?). La question vous rappellera que vous avez des devoir étant que citoyen, et que votre choix ou votre vote, peut faire bougé les lignes.

- La question vous rappelle encore ce que vous voulez voir changer.

Alors, ne votez pas un candidat parce qu'elle (il) est gentil avec vous, ou parce que c'est une(un) amie, un frère ou soeur... Vous pouvez vous permettre de voté pour la personne en question si vous vous assurer que c'est la bonne personne, la personne qu'il faut pour apporter le changement et l'évolution que vous espérez.

2.2.3. Comment faire le choix du président

Il est impératif de noté que; la présidence n'est pas à remettre à n'importe quel de candidat, le président est le garant de la nation, il a le droit d'engager toute la république. Ce pour quoi il vous faut vous rassurer que c'est une dame (monsieur) qui partage les mêmes intérêt que vous.

En République démocratique du Congo, pour occupé cette fonction, il est obligatoire d'être de Nationalité congolaise à 100% avant tout, cela veux dire:

Avoir un père et une mère de nationalité congolaise.

Pour répondre à la question du choix ;

Comme pour le député, il faut savoir;

- *Ces antécédents*
- *Ça motivation*
- *Son combat politique*
- *Ces actions dans le pays*
- *Pour quoi vous lui voté*

Pour le cas du président il y'a un point important qui s'ajoute ;

- Le programme (projet de société).

Aujourd'hui nous sommes déroutés avec des beaux discours, des mots doux, des paroles qui vont droit au coeur et des phrases qui appaisents, malheureusement ce n'est pas ça qui apporte le changement que les populations désirent voir.

Comme moi, je suis sûr que vous avez entendus tellement de discours politique que vous en avez aussi marre, Il est temps d'être objectif dans nos choix.

Comment - y arriver ?

1. *Ne votez plus des noms, mais ; votez des programmes (projets)*
2. *Écoutez attentivement les projets en question*
3. *Rassurer vous que ces projet sont réalisable.*

Si vous êtes convaincue, d'accord vous pouvez vous jeter dans l'eau, sinon je vous suggère de bien réfléchir, cela va de votre intérêt.

Nous avons entendus des projets (programmes) que nous attendons la concrétisation, alors, pour éviter de passé pour des complices du non évolution, du non changement , soyons clair et responsable quant'il s'agit de voté le président de la République.

3.0. L'incivisme

Définition ;

L'incivisme est le défaut ou l'absence de dévouement et d'attachement du citoyen à la cité (ville), Ou tout simplement; le non respect des règles de vie.

A Athènes on pouvait mettre un homme en accusation et le condamner pour incivisme, c'est-à-dire pour défaut d'affectation envers l'État (fistule de coul, cité antique 1864p286).

Nous profitons de l'occasion pour souligne que; une revendications légale peut s'acheminer en un acte d'incivisme.

3.0.1. Forme d'incivisme

Le premier se trouve dans les dégradations des biens publics ou privé. (la débrouille, les petits fraude aux prestations sociales, à la sécurité social, à la TVA, aux obligations du code du travail)...

Il est judicieux de rappeler que dans des nombreux pays, notamment en Afrique, le taux de chômage est vraiment élevé par manque des entreprises... Alors, les population se lance dans la débrouille, d'ailleurs ; la majorité des population vivent du secteur informelle. Ce vrai que ça occasionne des marquent à gagné pour l'État, malheureusement c'est ainsi, parce que beaucoup des pays en Afrique n'ont pas encore pu organiser les choses.

L'incivisme se manifeste de plusieurs façons ; notamment la perte des valeurs morales, la révolte ou le refus de respecter l'ordre établi ;

Le mépris de l'éthique qui conduit à diverses formes de dysfonctionnement, comme les détournements ou la détérioration des biens publics, la corruption, la fraude etc...

3.0.2. L'incivisme en milieu scolaire ou estudiantine

Le milieu scolaire ou estudiantine est devenue le lieu par excellence de développement de l'incivisme caractérisé par des destructions de biens publics et privés, d'agressions verbales et physique des enseignants et de revendications illégales de la part des élèves (étudiants).

3.0.3. Les causes de l'incivisme

Les causes de l'incivisme sont multiples, cela relève d'un problème d'éducation; d'un manque d'informatons; d'encadrement de la jeunesse; un manque d'autorité de la force public et du régné de l'individualisme. L'incivisme c'est altérer l'espace public au sens propre comme au sens figuré.

3.1.0. Quel sont les solutions pour combattre l'incivisme

- Enseigner à la jeunesse l'éducation civique et les initier aux bonnes habitudes dé les classe inférieure;

- créé des campagnes de communication et de formation pour les inciter à adopté les bons réflexes;

- créé une police des moeurces qui sera bien outiller et bien informer;

- Responsabiliser la jeunesse en leurs disons ce qui en découles;

- prévoir des sanctions pour certains actes incivique et pour certains actes qui va à l'encontre des moeurses.

3.1.1. Exemples d'incivisme

- faire du tapage nortune;

- jeter sa poubelle dans la rue;

- pisser dans la rue, ou sur le mûr d'autruit;

- jeter des bidons en plastique ou tout autre saleté dans les caniveaux ou dans la voie public ;

- vandaliser les bus scolaire ou universitaire;

- vandaliser les bus ou voiture des privés... Etc

Le développement a un coup, et ce coup s'appelle ; la volonté, le travail et la discipline. Il n'est pas interdit de faire des revendications légales dans un pays ou règne la démocratie, mais ne confondez pas; revendications et incivisme. Mes chers amis, nous pouvons revendiquées sans des casses, sans du feu, avec moins de violance possible. Je vous assure, il y'a toujours des moyens de pressions... Comme nous les savons tous; il est difficile de construire que de détruire. Maintenant méditez là dessus, les gouvernement dépenses des grosses sommes d'argent et du temps pour construire des routes que vous facilitez la dégradation quand vous mettez du feu et brûlez des pneus dessus.

La vie est déjà assez difficile dans le monde, et vous incendier un taxi, bus d'un privé, imaginer ce que devient ça vie, ça famille ? C'est ne pas dans tout les pays qu'il y'a des sociétés d'assurances fiable, et c'est ne pas tout le monde qui a les moyens pour ce le payer... Alors, évitez de laisser les émotions prendre le dessus, réfléchissez avant de posée des actes, sinon vous causez du tors au autres et vous vous ruiner vous même. Les grosses dépenses que font les gouvernement ne viennent pas de leurs poches, mais ce l'argent du contribuable, donc; votre argent. Certains gouvernement en manque des moyens financiers, font des prêt pour occasionné le développement en achetons des bus pour l'État, pour les étudiants... Après vous vous permettrez de les incendiées, franchement, à quoi pensez vous en cette instant précis ? Mais vous ne faites que enfoncé le pays, s'il vous plait, nous vous demendons un peu de retiens et beaucoup de réflexion avant de posé ces actes, pensez aux conséquences et à ce que cela peut engendré.

Ce message s'adresse aussi au policien ou au leaders politique.

Arrêter d'instrumentalisée vos partisans, une marche dite pacifique doit l'être, quelques soit les motifs de revendication, il ne doit pas ce transformer en incivisme collectif, donc, il doit se faire dans les règles. D'ailleurs, je pense que si nous avions des bon policien, ceux qui pense réellement pour le bien être des populations et du développement du pays, ils doivent s'assoir et échanger des idées allant dans ce sens, pour trouver des solutions concrèts et durables pour leurs populations, leurs pays et non ce mettre des batons dans les roues pour des intérêt personnel. Malheureusement, l'individualisme vit toujours et a pris le dessus dans nos vies, normal que cela soit si difficile, (triste réalité).

3.1.2. Civilité

La civilité est le respect que porte le citoyen à l'ensemble de la société, au patrimoine historique et aux lois.

La civilité participe à la qualité de la vie au sain de la société. C'est donc une attitude qui permets à tout les citoyens de mieux vivre ensemble.

La civilité est un ensemble d'actes volontaire et spontanée. Il s'agit d'une attitude individuel ...

On peux penser notamment à la politesse qui fait partie de bonne manière pouvons faire bon usage et garantir un climat agréable dans la société.

3.1.3 L'amour du drapeau

Dans ce point spécial, nous vous parlons de l'amour du pays, symbolisé par le drapeau qui flotte dans le vent comme pour donner un nouveau souffle à notre grand et beau pays.

Aimé son pays c'est ne pas seulement faire de la politique comme nous les constatons tout les jours dans la toile ou dans nos téléviseur. Nous croyons que c'est aussi avoir;

L'amour du bon sens
- *l'amour du mieux être*
- *l'amour du travail*
- *l'amour de la justice*
- *l'amour de l'égalité*
- *l'amour de servir son pays*
- *l'amour de ces concitoyens*

Malheureusement, de nos jours, tout les monde sont focalisent sur la politique, il n'y a pas que la politique dans les pays; il y'a beaucoup d'autres secteurs qui reste isolée par le manque de questionnement des populations.

En effet, c'est sont les politique qui gère les pays, mais, si leurs façons de le faire laisse à désiré, vous avez le droit et même le devoir en qualité de souverain primaire de réclamer vos dûs.

Quand nous parlons de l'amour du drapeau, nous n'excluant pas les politiciens, même eux sont appellent à aimer le pays pour mieux le dirigé.

Regardons nous aujourd'hui, politicien ou apolitique; travailleur ou commercent; policier ou civil; militaire ou millitan etc, comment nous nous conportons, pouvons-nous dire que nous aimons notre pays?

En détruisent, brûlent, détournent les biens de l'État, c'est avoir l'amour de son pays? Faisons très attentions aux actes que nous posons, elles ont des répercussions.

3.2.0. Spécial RDC

La R.D.C. n'est pas seulement le 2.345.000 kilomètres carré de superficie, ou les multiples ressource naturelle qu'elle regorge, le Congo a aussi une dimension humaine, et c'est nous le congo.

Le Congo c'est aussi cette diversité ethniques et ces langues que nous devons aimés et valoriser. Nous ne pouvons pas nous définir comme des bons citoyens si nous aimons pas nos concitoyens, si nous nous mettons des bâtons dans les roues pour freiné le développement de notre propre pays. Comment nous pouvons nous dire être des bons citoyens si nous nous passons du poison comme du savon? Nous pouvons vous affirmez que; la force de la République démocratique du Congo réside dans son unité, ce pour quoi je vous invite tous encore une fois de plus à avoir l'amour du pays dans toutes ces dimensions. C'est avec cette amour que nous pouvons combattre le tribalisme, la corruption, et tout les abus qui gangrène notre pays et nos populations.

Nous vous assurons, l'ennemi est là, il rode tout au tour de nous, il cherche qui détachées du peuple pour le corrompre et ainsi arriver à ces fin, qui est celui de nous divisé pour mieux régner. La République démocratique du Congo unis sera toujours vainqueur, comme le dit le dicton (l'Union fait la force).

3.2.1. Conclusion

Quand vous parcourez le deux partie de ce livre de pôche, vous vous rendrez compte que; l'auteur vous invites ou inities à une cohabitation organisée, dans la politesse, dans le respect et dans la discipline.

Napoléon Bonaparte disait; L'éducation demeure la mise en oeuvre des moyens propres à assurer la formation et le développement intellectuel et morale d'un être humain. Nous pensons que cette éducation est possible grâce à la formation et à l'information.

N'oublions pas que les règles de politesse ont pour objectif ;organiser la vie en société, mais aussi de s'opposer à l'expression de paroles ou de comportement violents.

Nous pensons qu'il est très important que primordiale d'initier les plus jeunes et les ignorants à une éducation citoyenne, dans la formation et dans l'information que nous leurs transmettrons. Nous pensons que grâce à ça, nous pouvons en fin parler le même langage, celui de l'évolution et du développement du pays.

Nous invitons tout un chacun à la civilité, notre souhait dans la redaction de ce livre est de faire comprendre et rappeller l'importance de l'éducation, des bonnes manières et de la bonne citoyenneté.

De la même façon qu'un arbre a pour source ou ressource ces racines, nous humains, c'est d'abord notre tête (cerveaux), faisons de lui notre force, alors reflechisons.

Nous envions certains pays dites développés pour ce qu'ils sont, nous pouvons affirmés ceci ; avant tout, ils ont eux le temps de travailler dessus.

Ils ont rêvent de devenir des grandes puissances, ils se sont misent à réfléchir sur comment le rendre possible, et en fin, ils se sont misent au travail pour le réalisé.

Nous pensons que c'est comme cela que nous aussi devons procéder à propos de nos pays. L'objectif même de ce livre est de façonner des bons cityons du monde, où qu'elle (il) soit , il(elle) apporte un changement positif dans ça façon d'être, de vivre et de se comporter.

3.2.2. Quelques questions pour les citoyen(ne,s)

- Que faire entant que citoyen pour le développement de mon pays?;

- Comment dois-je me comporter pour respecté et faire respecter mon pays?;

- Que dois-je faire pour vivre en paix et en harmonie avec mes concitoyens, avec ma communauté?

Il y'a plusieurs questions qui reste en suspens, mais alors, réfléchissons dans ce sens et posons nous les bonnes questions pour apportent des salutations durables au pays.

La civilité reste fondamental ou nous dirons même, une clé pour le développement d'une nation. Alors, educons nos enfants et rappelons nous aussi qu'en étant citoyen; nous avons tous un grand devoir, celui d'accompagner notre nation au développement.

La dernière chose que nous voulons vous faire part est celui de reconnaître que; le monde est né par amour, malheureusent, il a grandie dans la haine, il a perdue les valeurs, c'est pour quoi nous vous invitons à recouvrir ces valeurs; la dignité; l'intégrité; d'égalité; la responsabilité; la morale; l'éthique et la discipline... Nous en avons besoins pour bâtir un future de paix et d'harmonie.

Ainsi ensembles, nous pouvons rendre nos pays meilleur, par ce que l'Union a toujours fait la force.

Bibliographie

- *110 règle de politesse à table (honnagas.fondatrice apprendre les bonnes manières France 2017).*

- *Petit aide mémoire des usages et bonnes manières.*

- *Relations sociales>> société et solidarité, comment être un bon citoyen.*

- *livre I de la nationalité, leganet. C.D*

- *J.R. Oppenheimer , la science et le bon sens*

- *6 règles d'hydrogène corporelles (guide lotus)*

- *science coloniale*

- *internet.*

- *CNRTL: centre national de ressources textuelles et lexicoles.*

Table des matières

Printed by Books on Demand GmbH, Norderstedt / Germany